COLLECTION

de feu

M. ROBERT GENTIEN

ESTAMPES

DE L'ÉCOLE FRANÇAISE DU XVIIIᵉ SIÈCLE

OBJETS D'ART

ET

D'AMEUBLEMENT

PARIS — 1896

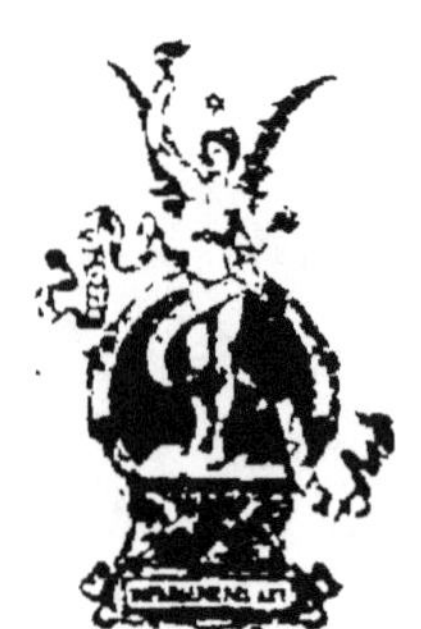

CATALOGUE

DES

ESTAMPES

DE L'ÉCOLE FRANÇAISE DU XVIIIe SIÈCLE
Imprimées en noir et en couleurs

TABLEAUX, DESSINS, AQUARELLES

LIVRES

Porcelaines et Faïences

ÉMAUX CLOISONNÉS DE LA CHINE

OBJETS VARIÉS

ARGENTERIE ET PLAQUÉ

Plaquettes et Médailles

PENDULES — BRONZES

Piano droit de Pleyel

MEUBLES

Tapisseries — Étoffes — Tapis d'Orient

COMPOSANT LA COLLECTION ET LE MOBILIER

de feu

M. ROBERT GENTIEN

Et dont la Vente, par suite de son décès, aura lieu

HOTEL DROUOT, SALLE N° 6

Les Jeudi 13 et Vendredi 14 Février 1896

à deux heures

COMMISSAIRE-PRISEUR

Me PAUL CHEVALLIER

10, rue de la Grange-Batelière, 10

EXPERTS

Pour les Estampes et Dessins :	*Pour les Tableaux et Objets d'Art*
M. JULES BOUILLON	**MM. MANNHEIM Père & Fils**
3, rue des Saints-Pères, 3	7, rue Saint-Georges, 7

EXPOSITION PUBLIQUE

Le Mercredi 12 Février 1896, de 1 heure 1/2 à 5 heures 1/2

CONDITIONS DE LA VENTE

Elle sera faite au comptant.

Les acquéreurs paieront *cinq pour cent* en sus des adjudications.

L'exposition mettant le public à même de se rendre compte de l'état et de la nature des objets, aucune réclamation ne sera admise une fois l'adjudication prononcée.

N.-B. — *Toutes les Estampes sont encadrées dans des bordures anciennes.*

Paris. — Imprimerie de l'Art. E. Moreau et Cie, 41, rue de la Victoire.

DÉSIGNATION

ESTAMPES

ALIX

(P. M)

*1 — Marie-Antoinette, reine de France, d'après
Mme Lebrun. *Schw. att*

Magnifique épreuve avant la lettre, imprimée en
couleurs, grande marge. Très rare.

BAUDOUIN

(D'après P. A.)

2 — Le Carquois épuisé, par N. de Launay.
(E. B., 11.) *Schw. litt*

Superbe épreuve avant la lettre, avec le cartouche blanc et avant les changements faits depuis
dans la tablette.

BAUDOUIN

(D'après P. A.)

3 — Le Coucher de la mariée, gravé à l'eau-forte, par J. M. Moreau, et terminé au burin, par J. B. Simonet, 1768. (E. B., 16.)

> Magnifique épreuve avant toutes lettres, avec les armes, de la plus grande fraîcheur, avec grande marge. Extrêmement rare.

4 — Le Danger du tête-à-tête, par Simonet. (18.)

> Superbe et très rare épreuve avant toutes lettres, et avant que l'encadrement ait été orné. Toute marge.

5 — L'Enlèvement nocturne, par N. Ponce. (20).

> Superbe épreuve avant la lettre, marge.

6 — Le Lever. — La Toilette. Deux pièces faisant pendants, gravées par Massard et Ponce. (29 et 48.)

> Superbes épreuves avec l'adresse de Mme Baudoin qui, plus tard, fut remplacée par celle de Basan. Toutes marges.

BAUDOUIN

(D'après P. A.)

7 —' Marton, par Ponce. (31.)

Superbe et très rare épreuve avant toutes lettres, seulement les noms des artistes tracés à la pointe.

8 — Le Modèle honnête, gravé à l'eau-forte, par Moreau le Jeune, et terminé au burin, par Simonet. (E. B., 34.)

Superbe et très rare épreuve avant toutes lettres et avant les armes ; très grande marge.

9 — Les Soins tardifs, par N. de Launay. (45.)

Superbe épreuve avant la lettre, avec le cartouche blanc et avant les changements faits depuis dans la tablette.

CARESME

(D'après Ph.)

10 — Bacchanales. Deux pièces faisant pendants, gravées aux trois crayons, par Demarteau.

Belles épreuves.

DEBUCOURT

(P. L.)

XXII — Le Menuet de la mariée, 1785. — La Noce au château, 1789. Deux pièces faisant pendants.

Superbes épreuves imprimées en couleur.

XX 12 — Les Deux Baisers, 1786.

Magnifique épreuve avant toutes lettres, seulement le nom de l'artiste tracé à la pointe au bas de la gauche, avec belle marge. De la plus grande rareté en cet état.

13 — L'Escalade ou les Adieux du matin. — Heur et Malheur, ou la Cruche cassée, 1787. Deux pièces faisant pendants, imprimées en couleur.

Magnifiques épreuves avant toutes lettres, seulement le nom de l'artiste tracé à la pointe au bas de la gauche, avec belles marges. De la plus grande rareté en cet état.

14 — Les mêmes estampes.
Superbes épreuves imprimées en couleur.

DEBUCOURT

(P. L.)

15 — Promenade de la Galerie du Palais-Royal, 1787.

Magnifique épreuve, imprimée en couleur, du premier état, avant les numéros sur les boutiques du fond. Très rare en cet état.

16 — La Main. — La Rose. Deux pièces faisant pendants, 1788.

Superbes épreuves, imprimées en couleur. Les vers du bas coupés.

17 — Annette et Lubin, 1789.

Superbe épreuve avant la lettre, imprimée en couleur. Rare.

18 — La Rose mal défendue, 1791.

Très belle épreuve, en couleur.

19 — La Promenade publique, 1792.

Magnifique épreuve imprimée en couleur avant toutes lettres, c'est-à-dire avant les mots : *Peint et gravé par Debucourt*, sous le trait carré à gauche et avant les initiales D. B. et la date 92, dans le bas de la gravure à droite. Elle est de la plus grande fraîcheur et a une bonne marge. De la plus grande rareté en cet état. (Collections Decloux et Kinen).

DEBUCOURT

(P. L.)

20 — La même estampe.

Magnifique épreuve, imprimée en noir, du même état que la précédente. Elle est également de la plus grande fraîcheur et a une très grande marge C'est la seule épreuve en cet état connue jusqu'à ce jour. (Collection Destailleurs).

21 — La même estampe.

Magnifique épreuve, imprimée en couleur, avant la lettre, avec marge.

FRAGONARD

(D'après H.)

22 — Les Hazards heureux de l'Escarpolette, par N. de Launay.

Superbe et rare épreuve avant la dédicace et avec la faute au mot Escarpolette, écrit avec un *s*.

23 — A Femme avare, galant escroc. — Le Mari confesseur. Deux pièces pour *les Contes de La Fontaine*, gravées par Aliamet et Tilliard.

Très rares épreuves, imprimées en couleur.

FREUDEBERG

(D'après S.)

24 — Le Petit Jour, par N. de Launay.

Superbe épreuve, marge.

25 — La même estampe.

Très belle épreuve avec marge.

GAINSBOROUGH

(D'après)

26. — *Baccelli (Signora)*, gravé par J. Jones. In-fol. en pied.

Très belle épreuve, en couleur.

27 — Portrait de jeune femme en pied, gravé par Joh. Dean, 1779.

Très belle épreuve, en couleur.

JANINET

(F.)

28 — Marie-Antoinette d'Autriche, reine de France et de Navarre, 1777. In-fol.

Magnifique épreuve, imprimée en couleur, avec marge. Son cadre ornementé, rehaussé d'or, est monté sur charnière, il est mobile et n'est pas fixé à l'estampe. Très rare.

JANINET

(F.)

29 — L'Amour. — La Folie. Deux pièces faisant pendants, gravées d'après Fragonard.

Superbes épreuves, imprimées en couleur, grandes marges. Rares.

LAVREINCE

(D'après N.)

30 — Ah ! laisse-moi donc voir ! par Janinet (E. B., 2.)

Superbe épreuve, imprimée en couleur, elle est de la plus grande fraîcheur et a toute sa marge.

31 — L'Assemblée au Concert. — L'Assemblée au Salon. Deux pièces faisant pendants, gravées par F. Dequevauvilbe. (E. B., 3 et 6.)

Superbes et très rares épreuves avant la dédicace.

32 — La Balançoire mystérieuse, par Vidal (9).

Superbe épreuve avant la lettre et avant le flot.

LAVREINCE

(D'après N.)

33 — Le Billet doux. — Qu'en dit l'abbé ? Deux pièces faisant pendants, gravées par N. de Launay. (E. B., 10 et 51.)

Superbes épreuves, toutes marges.

34 — Le Bosquet d'amour. — La Promenade au bois de Vincennes. Deux pièces faisant pendants, gravées par Chapuy et imprimées en couleur. (E. B., 11 et 50.)

Magnifiques et très rares épreuves du premier état, avec les premiers titres et l'adresse de Gamble et Coipel, grandes marges.

35 — La Comparaison, par Janinet (12).

Superbe épreuve, imprimée en couleur, avec toute sa marge non ébarbée. Très rare en aussi belle condition.

36 — La Consolation de l'absence, par N. de Launay (14).

Très belle épreuve, marge.

LAVREINCE

(D'après N.)

37 — L'Indiscrétion, par F. Janinet. (E. B., 3o.)

Magnifique épreuve imprimée en couleur, avant toutes lettres, seulement le nom du graveur tracé à la pointe, sous le trait carré à droite, toute marge.

38 — Jamais d'accord. — Le Serin chéri. Deux pièces faisant pendants, gravées par Denargle, Legrand. (E. B., 32 et 5g.)

Superbes épreuves imprimées en couleur.

39 — L'Heureux moment, par N. de Launay. (E. B., 38.)

Superbe et très rare épreuve avec la tablette en blanc, les noms des artistes, le titre et les trois initiales de l'Empereur entrelacées dans un cartouche tenant lieu d'armoiries, sans aucunes autres lettres, grande marge.

40 — On y va deux, par Steph. Benossi (44).

Superbe épreuve, imprimée en couleur, du premier état, avec l'adresse de Joly. Rare.

LAVREINCE

(D'après N.)

41 — Le Petit Conseil, par Janinet (48).

Superbe épreuve, imprimée en couleur, grande marge. Rare de cette qualité.

42 — Le Restaurant, par Deni (53).

Superbe épreuve avant toutes lettres, seulement le titre : *Le Restaurant,* écrit à la pointe sèche, au-dessous de la tablette. Très rare.

43 — Le Roman dangereux, par Helman, 1781 (56).

Très belle et rare épreuve avant la dédicace, marge.

44 — Le Colin-Maillard, par Lecœur. (E. B., 1 des pièces attribuées à Lavreince.)

Magnifique épreuve imprimée en couleur, avant toutes lettres, avec les armes. De la plus grande fraîcheur. Très rare.

45 — Les Petits favoris. Pièce appelée par M. Bocher: Le Joli chien. (App. 4.)

Superbe épreuve, avant la retouche, avant toutes lettres et avant qu'un second petit chien ait été ajouté au premier, imprimée en couleur. Très rare en cet état.

MARILLIER

(D'après C. P.)

46 — Les Désirs réciproques. — Les Regrets inutiles. Deux pièces faisant pendants, gravées par Mme Chevery.

Superbes épreuves, grandes marges.

REGNAULT

(N. F.)

47 — Le Bain, d'après Beaudouin. — Le Lever. Deux pièces faisant pendants.

Superbes épreuves imprimées en couleurs, mais remmargées.

REYNOLDS

(D'après sir J.)

48 — *Bingham* (The honourable miss), gravé par Bartolozzi.

Superbe épreuve avec les armes et le titre en lettres anglaises, marge.

SAINT-AUBIN
(Aug. de)

49 — Louise-Émilie, baronne de ***.—Adrienne Sophie, marquise de ***. Deux pièces faisant pendants. (E. B., 7 et 72.)

Superbes épreuves, grandes marges.

50 — Au moins soyez discret. — Comptez sur mes serments.

Deux pièces faisant pendants (E. B. 406, 407.)

Suberbes épreuves avant toutes lettres, seulement le nom de *Aug. de Saint-Aubin delin. et sculp.* tracé à la pointe sous le trait carré, marges.

SAINT-AUBIN
(D'après Aug. de)

51 — La Promenade des remparts de Paris, par P. F. Courtois. (382.)

Superbe épreuve avant toutes lettres. Très rare.

52 — Le Bal paré. — Le Concert. Deux pièces faisant pendants, gravées par A. J. Duclos. (E. B. 402-403.)

Superbes épreuves, grandes marges.

SERGENT
(A.)

53 — Il est trop tard.

>Magnifique et très rare épreuve avant la lettre, imprimée en couleur, grande marge.

SMITH
(D'après J. R.)

54 — The Widow's tale, gravé par W. Ward, 1789.

>Très belle épreuve avec marge. Rare.

WARD
(W.)

55 — Louisa, 1789. In-4° en couleur de forme ovale.

>Très belle épreuve.

WHEATLY
(D'après F.)

56 — Céladon and Celia. — A Lover's Angers. Deux pièces faisant pendants, gravées par P. Simon, 1786.

>Superbes épreuves en couleur, avec belles marges.

57 — The Disaster, gravé par W. Ward, 1789.

>Très belle épreuve avec marge. Rare.

AQUARELLES ET DESSINS

DELONNOIS
(A.)

8. 58 — Turc assis fumant.

Aquarelle signée.

FRAGONARD
(Honoré.)

59 — Berger et bergère gardant leur troupeau.

Beau dessin à la sépia.

FROMENTIN
(Eugène.)

60 — Etude de femme marocaine, debout.

Au fusain, rehaussé de blanc, sur papier bleuté.

61 — Défilé de cavaliers arabes.

A la plume et lavis d'encre de Chine.

GERIN
(S.)

62 — Vue d'une rivière à son embouchure.
Aquarelle signée.

HUET
(J. B.)

63 — Jeune femme avec son enfant gardant son troupeau.
Au lavis d'encre de Chine. Signé.

LAMI
(Eugène.)

64 — Militaire à cheval, costume de l'époque Louis XV, traversant un ravin.
Aquarelle.

NICOLLE
(H.)

65 — Vue des environs de Girgente (Sicile).
Aquarelle.

66 — Vue de Monuments de Rome.
Aquarelle.

QUINCHEZ
(O.)

67 — Retour de chasse.

Aquarelle. Signée.

ROUSSEAU
(Th.)

68 — Vues prises dans la forêt de Fontainebleau.

Deux dessins au crayon, rehaussés de blanc.

SAINT-AUBIN
(G. de)

69 — La Cour des miracles. — Les Marion-nettes.

Deux dessins faisant pendants, au crayon noir.

LE SANTACHON
(Cécile.)

70 — La Toilette.

Aquarelle. Signée.

SÉE
(Mathilde.)

71 — Bouquet de fleurs.

Aquarelle. Signée.

TABLEAUX

BROWN

(John-Lewis.)

1876.

72 — Dame de qualité sortant d'un carrosse attelé de quatre chevaux, accueillie par divers personnages et cavaliers. Fond boisé.

CÉSAR DE COCK

1872.

73 — Paysage traversé par un cours d'eau. Dans le fond, habitations diverses et au premier plan deux jeunes filles, l'une d'elles cueillant des fleurs.

DUMARESCQ

(Armand.)

1873.

74 — Portrait de chien-terrier : Frisky.

ÉCOLE FRANÇAISE

75 — Jeunes femmes vues en buste. Deux pendants. Bois. Ovales. Encadrés.

GOSSELIN

(Ch.)

76 — Paysage avec bouquet d'arbres à droite et
animaux paissant au centre.

JAPY

1876.

77 — Sous-bois animé par une figure de femme.
Bois.

ROYBET

(F.)

78 — Jeune fille assise tenant un perroquet sur
la main droite. Elle est vêtue d'un costume
Renaissance avec manches à crevés.

SCHALKEN

79 — Les bulles de savon. Jeune garçon assis tenant une paille à laquelle une bulle de savon est encore adhérente.

SPRINGER

1862.

80 — Vue d'une place publique de la ville de Naarden (Hollande), animée par six personnages et un cavalier. Bois.

LIVRES

81 à 93 — Environ cent quatre-vingts livres reliés, tels que : *Inventaire de la duchesse de Valentinois*, par Bonnaffé, 1 vol.; *Les Graveurs du XVIIIe siècle*, par Portalis et Béraldi, 6 vol.; *Promenade autour du monde*, par Hubner. 2 vol.; *Mémoires du comte Beugnot*, 2 vol.; *Histoire du Luxe*, par Baudrillart, 3 vol.; *Histoire des Deux Restaurations*, par Vaulabelle, 10 vol.; *Mémoires de Casa-*

nova, 8 vol.; *Histoire de la Révolution française*, par Thiers, 10 vol., etc. (Seront divisés.)

94-95 — Lot de volumes brochés : romans, etc.

PORCELAINES

96 — Vase cylindrique avec couvercle en ancienne porcelaine de Chine, famille rose, à réserves sur fond bleu-turquoise chargé de fleurs.

97 — Lampe formée d'une potiche en ancienne porcelaine de Chine, famille rose, à décor de fleurs, vases, attributs et lambrequins. Monture en bronze.

98 — Deux petits plats creux, variés, en ancienne porcelaine de Chine, famille rose : guerriers, coq et fleurs.

99 — Vase en porcelaine de Chine : personnages.

100 — Deux petits plats variés en ancienne porcelaine du Japon. Monture en bronze.

101 — Compotier, décor bleu, porcelaine du Japon.

102 — Deux petits vases avec couvercles en porcelaine du Japon, décor bleu, rouge et or, fleurs et oiseaux.

103 — Deux statuettes de femmes debout en porcelaine du Japon.

104 — Figurine en ancienne porcelaine de Saxe : personnage de la Comédie italienne.

105 — Figurine en ancienne porcelaine de Saxe : Musicien.

106 — Jardinière en ancienne porcelaine de Vienne, décor de fleurs.

FAIENCES

107 — Jardinière oblongue à couvercle ajouré, et anses têtes de béliers, à décor polychrome de

petits personnages chinois, oiseaux et bran-
chages. Marseille.

108 — Quatre assiettes : fleurs et insectes. Marseille.

109 — Deux assiettes : poissons et fruits. Marseille.

110 — Deux assiettes : fleurs. Marseille.

111 — Deux jardinières carrées à décors de fleurs
et hachures. Faïence de Lorraine.

112 — Sucrier. Strasbourg.

113 — Plat à décor polychrome : fleurs. Moustiers.

114 — Plat oblong à décor bleu : buste de femme
et rinceaux. Moustiers.

115 — Cinq assiettes à décor polychrome : tro-
phées au centre, motifs rocaille au marli.
Faïence du Midi.

116 — Deux petites bouteilles à décor de lambrequins en bleu et rouille. Rouen.

117 — Deux compotiers, décor à la corne. Rouen.

118 — Deux assiettes : vase, arbuste, oiseau, corbeille de fleurs. Milan.

119 — Deux petites assiettes : personnages et ruines. Castelli. Encadrées.

120 — Aiguière à décor bleu. Naples. xviie siècle.

121 — Plat creux à décor polychrome et doré : personnages et fleurs, de style japonais. Delft. Encadré.

122 — Deux petits plats à bords festonnés, décor bleu de fleurettes. Delft.

123 — Deux cornets à décor bleu : fleurs. Faïence hollandaise.

124 — Deux petites potiches, l'une à décor bleu, l'autre polychrome. Faïence hollandaise.

125 — Deux lampes disposées pour le gaz, formées chacune d'une bouteille d'ancienne faïence de Nevers à décor bleu et manganèse de style chinois; monture en bronze.

126 — Gourde en faïence persane à décor polychrome de fleurs; goulot et bouchon en cuivre gravé de la Perse.

127 — Plat à décor de palmettes et de fleurs. Rhodes. Encadré.

128 — Deux plaques en faïence : paysage et scène grotesque.

129 — Deux petits compotiers en faïence, décor bleu : personnages.

130 — Deux compotiers en faïence : paysages animés.

131 — Deux lampes disposées pour le gaz, céramique, décor bleu, et bronze.

132 — Statuette de personnage, céramique japonaise.

ÉMAUX CLOISONNÉS

133 — Deux cornets quadrilatéraux avec renflement médian en émail cloisonné de la Chine, à décor de grecques ; bordures et arêtes saillantes en bronze doré. Socles en bois sculpté.

134 — Deux grands flambeaux à broche en émail cloisonné de la Chine, à tige quadrilatérale, plateau intermédiaire et base campanulés, à décor de grecques, bordures et arêtes saillantes en bronze doré. Socles en bois sculpté.

135 — Brûle-parfum à anses et pieds contournés et couvercle repercé en émail cloisonné de la Chine, à décor de grecques, bordures, arêtes saillantes et chien de Fô du couvercle en bronze doré. Socle en bois sculpté.

136 — Deux lampes, disposées pour le gaz, formées chacune d'un vase en émail cloisonné de la Chine, à décor de rinceaux sur fond jaune ; monture en bronze.

137 — Shibatchi en émail cloisonné de la Chine, à décor de fleurs sur fond bleu ; couvercle ajouré ; anse en bronze.

OBJETS VARIÉS

138 — Petit cabinet en laque rouge de Peking, avec rehauts de couleurs; décor d'oiseaux et de fleurs.

139 — Boîte à thé en laque.

140 — Petite boîte cylindrique en laque du Japon : fleurs sur fond aventuriné.

141 — Boîte en laque noir et or du Japon; paysages et armoiries.

142 — Brûle-parfum chinois en pierre de lard.

143 — Poignard oriental à manche d'agate ; garniture d'argent doré.

144 — Deux pièces, ivoire : buste-applique d'homme de profil, et petit bas-relief, tête d'enfant.

145 — Deux candélabres variés, à deux lumières en fer.

146 — Veilleuse en fer forgé.

147 — Lustre en fer forgé.

ARGENTERIE ET PLAQUÉ

148 — Deux flambeaux décorés de moulures en argent. Époque Louis XVI.

149-150 — Deux cafetières en argent, décor de moulures. Époque Louis XVI.

151-152 — Deux petites cafetières variées en argent, décor de moulures, l'une présentant un écusson armorié, l'autre un monogramme. Époque Louis XVI.

153 — Cafetière en argent, décor de feuillages. Époque Empire.

154 — Petite cafetière en argent. Chiffrée.

155 — Huit salières en argent, à décor de guirlandes, de cartouches et d'amours, dont quatre du temps de Louis XVI, et quatre de style Louis XVI.

156 — Moutardier en argent, à décor de guirlandes, de cartouches et d'amours.

157 — Deux plats longs variés de dimension, en argent. Chiffrés. Maison Odiot.

158 — Huit plats ronds en deux dimensions, en argent. Maison Odiot.

159 — Plateau en argent, décor de quadrillés.

160 — Deux légumiers avec double-fond en argent. Chiffrés. Maison Odiot.

161 — Deux saucières avec double-fond, en argent. Chiffrés. Maison Odiot. '

162 — Ecrin contenant : deux truelles à poisson, une pince à asperges, une pince à sucre, une cuiller à sucre ; une fourchette, deux cuillers et une palette à hors-d'œuvre ; une cuiller à sauce, douze cuillers à dessert, douze fourchettes et douze cuillers à entremets. Le tout en argent et chiffré.

163 — Ecrin contenant : douze cuillers, douze fourchettes et douze cuillers à dessert. Le tout en argent et chiffré. Même modèle que le service précédent.

164 — Ecrin contenant : une louche, une cuiller à sauce, douze cuillers, douze fourchettes

et douze cuillers à dessert. Le tout en argent
et chiffré. Même modèle que les services pré-
cédents.

165 — Deux cuillers à ragoût en argent et chif-
frées. Même modèle que les services précé-
dents.

166 — Manche à gigot en argent. Chiffré.

167 — Petite passoire en argent.

168 — Vingt-quatre couteaux à lame d'argent et
manche d'ivoire, en deux modèles.

169 — Lot de couteaux à manche d'ivoire.

170 à 174 — Réchaud, pelle à miettes, brosse à
miettes, huilier, douze porte-couteaux, boîte,
deux théières, un sucrier, seize dessous de
carafes, douze fourchettes à huîtres en plaqué.

175 — Boîte à biscuits, cristal et plaqué.

PLAQUETTES ET MÉDAILLES

176 — Plaquette ronde en bronze : taureau attaquant un chien ; au premier plan, un homme couché; au fond, un autre homme s'élançant sur l'animal. Italie. XVIe siècle.

177 — Plaquette de forme contournée en bronze doré : Mutins Scœvola, par Giovanni delle Corniole. Italie. Fin du XVe siècle.

178 — Plaquette ronde en métal de cloche : Ariadne dans l'île de Navos, par Giovanni delle Corniole.

179 — Plaquette rectangulaire en bronze : l'ensevelissement du Christ. Italie. XVIe siècle.

180 — Deux plaquettes ovales en bronze : le Serpent d'airain et le Christ crucifié. Fin du XVIe siècle.

181 — Médaille en bronze : buste d'homme en armure ; légende : MICHAEL. OTT. DE ÆCHERTINGEN. DIV: MAXIMILIANI. ET. CAROLI. MDXXII. ETA. XXIII. ℞. Armoiries. Légende : *Cœs. Svpremvs. Tormentorvm. Bellicorvm. Prefectvs.* Allemagne. XVIe siècle.

182 — Médaille en bronze : buste d'Alphonse II
d'Aragon, roi de Naples. Légende : Alphon-
svs. Fer. Dvx. Calabrie. ℟. Entrée triom-
phale dans une ville. Par Andréa Guazzalotti.
Italie. xve siècle.

183 — Médaillon en bronze : buste d'homme.
Légende : Imp. Cœs. Maximil. II. Avg. Fin du
xvie siècle. Signé : AN. AB.

184 — Deux médaillons en bronze : Cicéron et
Pompée. Signés : *Varin*.

185 — Médaillon en bronze : buste de femme.
Légende : Hieromina. Sacrata. mdlv. Signé : P.

186 — Deux pièces : médaille, en bronze doré,
tête d'homme. Légende : Carolus Walliœ
princeps. 1745. ℟. Allégorie. Et jeton en argent à sujet symbolique.

187 — Pièce de monnaie espagnole, en argent,
1684.

PENDULES ET BRONZES

188 — Cartel sur socle-applique en marqueterie
de cuivre et d'écaille ; figurine, chutes et bas-
relief en bronze.

189 — Petite pendule-religieuse en marqueterie
d'écaille et de cuivre garni de bronzes.

190 — Encrier avec couvercle en bronze à patine
brune, supporté par trois figurines d'enfants,
avec autre figurine d'enfant sur le couvercle.
Italie. Fin du xvie siècle.

191 — Statuette en bronze vert, de satyre dansant,
d'après l'antique.

192 — Statuette en bronze vert, de bacchant couché, d'après l'antique.

193 — Statuette en bronze vert : Narcisse, d'a-
près l'antique.

194 — Jardinière portée par une statuette d'Her-
cule. Bronze vert, d'après l'antique.

195 — Deux coupes sur piédouche en bronze.

196 — Grande aiguière en cuivre rouge repoussé.

197 — Deux cassolettes en bronze doré, sur trois pieds se terminant en bustes de femmes ailées et griffes de lions.

198 — Deux chenets en bronze ornés de figurines d'enfants.

199 — Lustre en bronze et cristaux.

200 — Lanterne orientale en cuivre, disposée pour le gaz.

201 — Jardinière ronde en bronze gravé. Travail arabe.

202 — Brûle-parfum oblong, avec couvercle et socle en bronze de la Chine; décor de dragons.

203 — Pitong en bronze du Japon, avec incrustations d'argent et de cuivre : personnage et ustensiles divers.

204 — Petit brûle-parfum en bronze du Japon, porté par trois personnages accroupis.

MEUBLES

205 — Commode à trois rangs de tiroirs, en marqueterie de bois de placage. Tablette de marbre ranz.

206 — Commode à un tiroir sur pieds cambrés, en marqueterie de bois de rose et de violette. Garnitures de bronze. Tablette de marbre.

207 — Secrétaire à dos d'âne sur table-support de laque noir et or.

208 — Bibliothèque de style chinois à deux portes vitrées, garnie d'écoinçons et de charnières en cuivre gravé et doré; pieds-têtes d'éléphants, en bronze doré.

209 — Table oblongue en marqueterie de bois de couleur et d'os, à fleurs et rinceaux.

210 — Petite table-console à deux tiroirs en bois sculpté, à motifs rocaille. XVIIIe siècle.

211 — Meuble en bois sculpté fermant à quatre portes avec tiroir à la porte inférieure ; il est orné de pilastres, de mufles de lions, de moulures et d'une frise de rinceaux. Travail hollandais.

212 — Coffre en bois sculpté à décor de feuillages.

213 — Piano droit de Pleyel, numéro 72159.

214 — Baromètre-thermomètre Louis XVI en bois sculpté et doré à feuillages et mufle de lion.

215 — Glace dans un cadre à deux compartiments en bois doré formé de feuillages et de motifs rocaille.

216 — Miroir dans un cadre en bois sculpté et doré surmonté d'attributs de l'amour. Travail hollandais.

217 — Deux fauteuils à X en noyer, couverts en peluche rouge.

218 — Deux fauteuils à dossier élevé en noyer, couverts en étoffe à fond noir et dessin de fleurs.

219 — Deux chaises : sièges et dossiers couverts en ancienne tapisserie.

220 — Deux chaises légères en bois doré couvertes en velours ciselé.

221 — Sous ce numéro, mobilier courant tel que : lit, armoires, tables, vaisselle, batterie de cuisine, rideaux, meubles de salle à manger, sièges divers, etc. (Sera divisé.)

TAPISSERIE

ÉTOFFES, TAPIS

222 — Portière en tapisserie du XVIIIe siècle présentant un jeune homme montrant du doigt une grappe de raisin à une jeune femme assise ; fond de verdure avec pièces d'eau ; bordure de feuilles d'acanthe sur fond bleu. Montée sur peluche.

Haut., 2 m. 92 cent.; larg., 1 m. 85 cent.

223 — Tapis en satin bleu brodé de soies de couleur à dessin d'oiseaux et de fleurs. Travail des colonies portugaises.

224 — Petit tapis en velours ciselé à dessin vert de fleurettes sur fond jaune.

225 — Petit tapis en broderie de soie au point de chaînette, à dessin de fleurs.

226 à 244 — Dix-neuf tapis et carpettes d'Orient.